Write Now

Share Your Ideas in English

Shigenori Tanaka

Yoshiaki Sato

**NATIONAL
GEOGRAPHIC
LEARNING**

Australia · Brazil · Mexico · Singapore · United Kingdom · United States

Write Now —Share Your Ideas in English

Shigenori Tanaka / Yoshiaki Sato

© 2022 Cengage Learning K.K.

Photo Credits:
Cover: © Hunterbliss | Dreamstime.com; 9: © stock.adobe.com; 15: © stock.adobe.com; 17: © stock.adobe.com; 19: © stock.adobe.com, © 時事 ; 20: © stock.adobe.com; 21: © stock.adobe.com; 27: © stock.adobe.com; 33: © stock.adobe.com; 35: © stock.adobe.com; 36: © dpa/ 時事通信フォト , © AFP= 時事 , © stock.adobe.com, ©stock.adobe.com; 39: ©stock.adobe.com; 45: ©stock.adobe.com; 46: ©stock.adobe.com; 51: © stock.adobe.com; 52: © stock.adobe.com; 54: © stock.adobe.com; 55: © stock.adobe.com; 57: © stock.adobe.com; 58: © stock.adobe.com; 59: © stock.adobe.com; 60: © stock.adobe.com; 63: © stock.adobe.com; 69: © stock.adobe.com; 70: © stock.adobe.com; 71: © stock.adobe.com; 75: © stock.adobe.com; 81: © stock.adobe.com; 87: © stock.adobe.com; 89: © stock.adobe.com; 90: © stock.adobe.com; 93: © stock.adobe.com; 96: © stock.adobe.com; 97: © stock.adobe.com;

For permission to use material from this textbook or product, e-mail to **elt@cengagejapan.com**

ISBN: 978-4-86312-399-1

National Geographic Learning | Cengage Learning K.K.
No. 2 Funato Building 5th Floor
1-11-11 Kudankita, Chiyoda-ku
Tokyo 102-0073
Japan

Tel: 03-3511-4392
Fax: 03-3511-4391

はじめに

　ライティング力向上の土台を固める。そのために、文法構文上のエッセンシャルな項目に絞って英語表現の型を身につける。これが本テキストのねらいです。ライティングでは内容の構成が求められますが、その前提として、言語形式を正確に使いこなせなくてはなりません。文法構文から表現へと向かうのが確実である所以（ゆえん）です。とはいえ、文法知識は文法力とイコールの関係ではありません。たとえば、「不定詞」や「関係詞」という用語を知っていたとしても、実際には使えないということがよく起こります。英語表現力につながるような文法力を身に付ける必要があるのです。

　そこで肝心なことは、まず英語の発想を理解することです。それは前置詞のもつ空間的イメージや、前置詞 to とつながる不定詞（to do）、wh- 疑問詞と意味的につながる関係詞などです。本テキストでは、各 Unit の文法項目について、その発想の部分をコンパクトに整理確認してから、視覚的イメージを多用したエクササイズを通じて表現の型を身につけていくというアプローチをとっています。

　表現という行為においては、場面と意図をふまえて言語の形式を捉え、使っていくことが求められます。場面と意図をふまえて言葉を使うことによって、はじめてその言語形式が生きた言葉になっていくからです。この点をふまえて、本テキストでは、場面（状況）の設定を重視しています。イラストや写真を多用しているのも、そのためです。これらのビジュアル要素はページの余白を埋めるための小道具ではなく、本テキスト使用者（＝言語使用者＝表現者）の知覚や認知のメカニズムを活性化させるための仕掛けになっているのです。是非、その点を理解した上で、本テキストのエクササイズ全般に取り組んで頂きたいと思います。

　本テキストは、認知言語学の知見に基づいて書かれています。人間のものの観方が言語の形式に影響を与えるという考え方は、英語教育に大きな示唆をもたらすものです。また、本テキストの英文は、日本の英語教育について熟知されている Anthony Allan 先生に校閲をお願いしました。ですから、出てくる英語表現はどれも自然なものとして、安心してふれられると思います。

　英語ライティングの土台をしっかりと固めたいと願う皆さんのお役に立てれば、筆者二人にとってこの上ない喜びです。

田中茂範　佐藤芳明

Contents

本書の構成と使い方

各Unitは6ページ構成で、学習ポイントの説明、Focused Dictation、Target + Exercise のセット、Wrap Up という4つのセクションに大別されます。それぞれの項目やアクティビティの主な目的と基本的な使い方を Unit 1 を例にとって説明します。

※ Unit によって、Target や Exercise の数や種類は異なりますが、基本的は構成や考え方は共通しています。

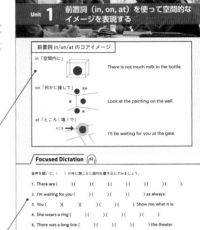

冒頭のポイント
Unit で学習する項目の内容やポイントが簡潔にまとめられています。

Focused Dictation
音声を聞いて、聞き取った語句を空所に書き込む問題です。各 Unit で学習するポイントが含まれています。

Target **1**
学習する項目を例文とともに提示しています。例文中のターゲットになる箇所には、色がついています。

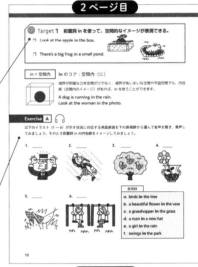

Exercise **A**
Target 1 で学習したことを、実際に使えるようになるための基本的な練習です。イラストや写真でイメージを膨らませながら問題を考えます。音声を聞いた後に、音読をするといっそう効果的に学習したことが身につきます。

Exercise **B**
Exercise A で練習したことを、より発展させた問題です。段階を踏んだ練習をすることで、Target で取り上げたことが身につき、使えるようになっていきます。

Target **2**
2つ目の学習項目を提示しています。提示方法は、Target 1 と同じです。

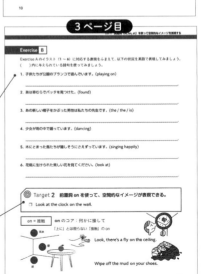

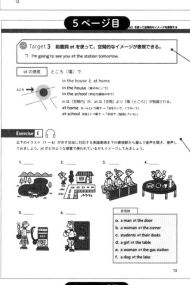

Exercise C

Target 2 で取り上げた項目についての基本的な練習問題で、目的や学習方法は Exercise A と同じです。

Exercise D

Exercise C に続く発展問題で、狙いは Exercise B と同じです。

Target 3

3つ目の学習項目を提示しています。提示方法は、Target 1 と同じです。

Exercise E

Target 3 で取り上げた項目についての基本的な練習問題で、目的や学習方法は Exercise A と同じです。

Exercise F

Exercise E に続く発展問題で、狙いは Exercise B と同じです。

Wrap Up

Unit で学んだ内容をシンプルな作文で確認します。できなかった問題がある場合は、Target や Exercise の振り返りをしてみましょう。

音声ファイルの利用方法

 のアイコンがある箇所の音声ファイルにアクセスできます。

https://ngljapan.com/wrtnow-audio/	

❶ 上記の URL にアクセス、または QR コードをスマートフォンなどのリーダーでスキャン

❷ 表示されるファイル名をクリックして音声ファイルをダウンロードまたは再生

Unit 1 前置詞（in, on, at）を使って空間的なイメージを表現する

前置詞 in/on/at のコアイメージ

in「空間内に」

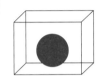

There is not much milk **in** the bottle.

on「何かに接して」

天井
壁
床

Look at the painting **on** the wall.

at「ところ（場）で」

ところ →

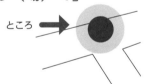

I'll be waiting for you **at** the gate.

Focused Dictation 🎧02

音声を聞いて、（　　）の中に聞こえた語句を書き込んでみましょう。

1. There are (　　　) (　　　) (　　　) (　　　) (　　　) (　　　) (　　　).

2. I'm waiting for you (　　　) (　　　) (　　　) (　　　) as always.

3. You (　　) (　　　) (　　　) (　　) (　　　). Show me what it is.

4. She wears a ring (　　　) (　　　) (　　　) (　　　) (　　　).

5. There was a long line (　　　) (　　　) (　　　) (　　　) the theater.

9

Target **1**　前置詞 in を使って、空間的なイメージが表現できる。

☐　Look at the apple **in** the box.

☐　There's a big frog **in** a small pond.

in ＝ 空間内

in のコア：空間内（に）

境界が明確な立体空間だけでなく、境界があいまいな空間や平面空間でも、内包感（空間内のイメージ）があれば、in を使うことができます。

A dog is running **in** the rain.
Look at the woman **in** the photo.

Exercise **A** 03

以下のイラスト（1 〜 6）が示す状況に対応する英語表現を下の表現群から選んで音声を聞き、発声してみましょう。そのとき前置詞 in の内包感をイメージしてみましょう。

1. ＿＿＿　　2. ＿＿＿　　3. ＿＿＿　　4. ＿＿＿

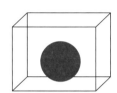

5. ＿＿＿　　6. ＿＿＿

表現群
a. birds **in** the tree
b. a beautiful flower **in** the vase
c. a grasshopper **in** the grass
d. a man **in** a new hat
e. a girl **in** the rain
f. swings **in** the park

Exercise B

Exercise A のイラスト（**1 〜 6**）に対応する表現をふまえて、以下の日本語で示された状況を英語で表現してみましょう。（　　）内に与えられている語句を使ってみましょう。

1. 子供たちが公園のブランコで遊んでいます。(playing on)

_____

2. 弟は草むらでバッタを見つけた。(found)

_____

3. あの新しい帽子をかぶった男性は私たちの先生です。(the / a / is)

_____

4. 少女が雨の中で踊っています。(dancing)

_____

5. 木にとまった鳥たちが嬉しそうにさえずっています。(singing happily)

_____

6. 花瓶に生けられた美しい花を見てください。(look at)

_____

◎ Target **2**　前置詞 **on** を使って、空間的なイメージが表現できる。

☐　Look at the clock **on** the wall.

---

on = 接触

on のコア：何かに接して

「上に」とは限らない「接触」の on

天井

壁

床

Look, there's a fly **on** the ceiling.

Wipe off the mud **on** your shoes.

Exercise C 🎧04

以下のイラスト（1〜6）が示す状況に対応する英語表現を下の表現群から選んで音声を聞き、発声してみましょう。on がどのような空間的イメージを表しているかも簡単に説明してみましょう。

1. _____

2. _____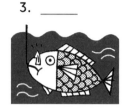

3. _____

4. _____

5. _____

6. _____

表現群

a. a girl **on** the bench

b. a dog **on** a leash

c. apples **on** the tree

d. a fish **on** the hook

e. pictures **on** the wall

f. a shadow **on** the wall

Exercise D

Exercise C のイラスト（1〜6）に対応する表現をふまえて、以下の日本語で示された状況を英語で表現してみましょう。（　）内に与えられている語句を使ってみましょう。

1. 見て。壁に影が映っている。誰だろう。(there is)

   Look! _____. Who is it?

2. あの犬は縄（リーシュ）に繋いであります。(is)

   _____

3. たくさんのリンゴが木になっています。(are)

   _____

4. 魚が釣り針にかかっている。(is)

   _____

5. 少女がベンチに腰掛けて本を読んでいます。(is reading)

   _____

6. 壁にかかっている2枚の絵を見てください。(look at)

   _____

12

Target 3 前置詞 at を使って、空間的なイメージが表現できる。

☐ I'm going to see you **at** the station tomorrow.

---

at の感覚	ところ（場）で

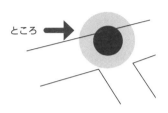

ところ ➡

in the house と at home

in the house （家の中に／で）

in the school （学校の建物の中で）

in は「空間内」が、**at** は「空間」より「場（ところ）」が強調される。

at home ホームという場で → 「自宅にいて、くつろいで」

at school 学校という場で → 「学校で（勉強している）」

Exercise **E** 05

以下のイラスト（1 〜 6）が示す状況に対応する英語表現を下の表現群から選んで音声を聞き、発声してみましょう。at がどのような感覚で使われているかもイメージしてみましょう。

1. _____

2. _____

3. _____

4. _____

5. _____

6. _____

表現群
a. a man **at** the door
b. a woman **at** the corner
c. students **at** their desks
d. a girl **at** the table
e. a woman **at** the gas station
f. a dog **at** the lake

Exercise **F**

Exercise E のイラスト（**1 ～ 6**）に対応する表現をふまえて、以下の日本語で示された状況を英語で表現してみましょう。（　）内に与えられている語句を使ってみましょう。

1. 食卓についた少女はお茶碗一杯のご飯を食べている。(a bowl of rice)

   _____

2. 湖のところにイヌがいる。何をしているんだろう。(there is)

   _____ What is it doing?

3. ドアのところにいる男性を知っていますか。(know)

   _____

4. 角にいる女性が誰かを見ている。(looking at)

   _____

5. 生徒たちは机にむかって、先生の話を聞いている。(are / listening to)

   _____

6. ガソリンスタンドに女性がひとりいる。彼女は電話で誰かと話している。(there is)

   _____ She's talking to someone on the phone.

Wrap Up

（　）内の語句を使って、日本語で示された状況を英語で表現してみましょう。

1. このホテルにはたくさんの部屋があります。(a lot of rooms)

   _____.

2. 私の姉はときどき窓辺にすわって外をながめている。(looks out)

   _____.

3. あの棚の本はすべて私の父のものです。(those / the shelf / belong to)

   _____.

現在進行形（be doing）と現在単純形（do/does）

The sun **is rising** above the horizon.
動きや変化が感じられる状況

動画的イメージ

Finally, he**'s getting** up now.
Look! The kettle **is boiling**!

The sun **rises** in the east.
動きや変化が感じられない状況

静止画的イメージ → 「習慣」「真理」「状態」など

He **gets** up early in the morning.
Water **boils** at 100 degrees Celsius.
She **resembles** her mother.

Focused Dictation 🎧06

音声を聞いて、（　　）の中に聞こえた語句を書き込んでみましょう。

1. Ken's father (　　　　) (　　　　) (　　　　) (　　　　).

2. Please go on. (　　　　) (　　　　).

3. The earth (　　　　) (　　　　) (　　　　) (　　　　).

4. Two plus two (　　　　) (　　　　).

5. Why are you (　　　　) (　　　　) (　　　　) like that?

◎ Target **1**　動画的イメージの進行形（be + doing）と静止画的イメージの単純形（do/does）を使い分ける。

☐　It **is raining** outside.
☐　It **rains** a lot in June.

Exercise **A** 07

「今している最中のこと」と「いつもする（そうなる）こと」を区別して、英語で表現してみましょう。その後で音声を聞き、音読しましょう。

1.

She _____ the piano every day. [practice]

2.

Water _____ ice at 0°C. [turn into]

3.

Look! They _____ tennis in the park. [play]

4.

She usually _____ slowly, but now she

_____ very quickly. [speak x 2]

Exercise B

自分の家族が「今何かをしている」状況を観察しているつもりになって、以下の語句を選び、現在進行形を使って文を7つ作成してみましょう。

Mother

makes some coffee

pours herself a cup of coffee

drinks a cup of coffee

puts on lotion

puts on foundation

puts on eye shadow

puts on lipstick

puts on cologne

Father

reads a morning newspaper

watches a news program on TV

Sister

takes her time to set her hair

spends a lot of time in front of the mirror

_____

_____

_____

_____

_____

_____

自分の一日の生活習慣をストーリーで表現してみましょう。Tool Box からいくつか表現を選び、時の副詞表現を足して、文を 5 つ以上作成してみましょう。

時の副詞表現	at 6:30, then, usually, after that, next

一日の生活の始まりをストーリーで語ろう

Tool Box

get up / get out of bed

fold up my futon and put it in the closet

go to the bathroom

turn the faucet on / off

wash my face

dry my face with a towel

brush my teeth

comb my hair

take off my pajamas and fold them up

have breakfast

put my shirt / slacks / skirt on

put on my shoes

close the door and lock it

take out the garbage

_____

_____

_____

_____

_____

_____

Target 2　様々な状況で現在単純形の用法にふれ、使えるようになる。

- ☐ Thirty divided by five **makes** six.
- ☐ The president **addresses** the nation from the White House.

- ・「日常的な習慣」… 習慣には変化が感じられない
- ・「普遍的な真理」… 真理は変化しないものと捉えられる
- ・「写真の説明文」… 写真は静止画そのもの
- ・「スポーツの実況／料理の実演／映画の脚本など」… ひとコマひとコマを静止画で仕切る感じ

習慣・真理

例えば、「彼らは毎日一緒に散歩する」 習慣 であれば、＜いつもそうすること＞で変化がなく、現在にもあてはまります。

They **take** a walk together every day.

The sun **rises** in the east.（太陽は東から昇る）真理 も Honesty **pays**.（正直者は報われる）格言 も一般的な真理を表す。＜いつもそうであること＞として変化が感じられないため、現在単純形になります。

写真の説明文

静止画のイメージから、新聞・雑誌に掲載される写真の説明文でも使われます。以下はその例です。

Japan's Yukiko Ueno, center right, and her teammates **celebrate** after beating the United States in the Tokyo Olympic softball final at the Yokohama Baseball Stadium in the city of Yokohama on July 27, 2021. (Mainichi Japan, July 27, 2021)

（2021 年 7 月 27 日横浜スタジアムにおける東京オリンピックソフトボール決勝。アメリカを下した日本の上野由岐子［中央右］、チームメートとともに勝利を祝う）

スポーツの実況、料理の実演、映画の脚本など

現在単純形は、スポーツの実況や料理の実演などにも使われます。例えば、野球やバスケットボールの実況中継などは、1コマ1コマをスナップショット（静止画）のようにとらえる感じがするため、現在単純形が使われます。

以下は、バスケットボールでのプレイの状況を伝える表現です。

Johnson **passes** the ball to Worthy for an easy two points. Anderson **catches** the ball and **dribbles** down the court. Davis **steals** the ball. Davis **shoots** a jump shot and **scores** to put his team within one point of the lead.

（ジョンソン、2得点のために、ワージーにボールをパス。アンダーソンがボールをキャッチ。ドリブルで相手コートに入る。デイビスがボールを奪う。デイビス、ジャンプシュートを打ち、得点だ。1点差です）

Exercise D 🎧08

スポーツ実況中継のアナウンサーになったつもりで、上のバスケットボールの試合の様子を伝える文章の音声を聞き、声を出して読んでみましょう。

Wrap Up

（　　）内の語句を使って、日本語で示された状況を英語で表現してみましょう。

1. 彼女はお母さんに性格が似ている。(resembles / in character)

_____

2. 私しゃべり過ぎでしょうか。もしそうなら、もう止めましょう。(too much)

_____ If I am, I'll stop now.

3. 私は1日に何度かツイッターでつぶやく。(tweet / several)

_____

過去について表現する

過去単純形と過去進行形

過去単純形（did）：過去の出来事・状態など

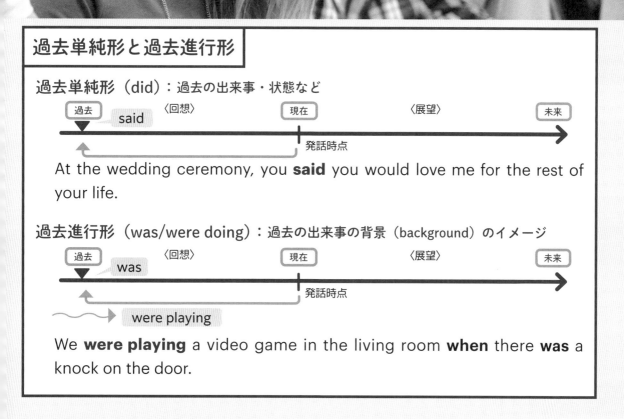

At the wedding ceremony, you **said** you would love me for the rest of your life.

過去進行形（was/were doing）：過去の出来事の背景（background）のイメージ

We **were playing** a video game in the living room **when** there **was** a knock on the door.

Focused Dictation 🎧09

音声を聞いて、（　　）の中に聞こえた語句を書き込んでみましょう。

1. He (　　　) (　　　) (　　　) (　　　) at 8:00.

2. After that, he (　　　)(　　　) (　　　) (　　　) at 9:30.

3. I (　　　) (　　　) (　　　) (　　　) at nine last night.

4. Those students (　　　) (　　　) (　　　) last semester.

5. When the phone rang, she (　　　) (　　　) (　　　) (　　　) (　　　).

> ◎ Target **1**　過去単純形を使って、過去の出来事や状態について表現することができる。
>
> ☐　I **woke** up feeling bad this morning.
> ☐　I **was** too tired to keep studying so I just **went** to bed.

Exercise A

ある日あなたは寝坊して学校に遅刻してしまいました。その状況にふさわしくなるように、以下の英文の [　　　] の動詞を適切な形にして表現してみましょう。その後で音声を聞き、音読しましょう。

I usually ⁽¹⁾[get] up at 7:00 but this morning I ⁽²⁾[get] up at 7:30 so I ⁽³⁾[do] everything quickly. I ⁽⁴⁾[wash] my face and ⁽⁵⁾[brush] my teeth in a minute. I just ⁽⁶⁾[have] a bite of bread and a glass of milk. I ⁽⁷⁾[run] to the station but I ⁽⁸⁾[miss] my usual train, so I ⁽⁹⁾[be] late for school.

(1) _____　(2) _____　(3) _____

(4) _____　(5) _____　(6) _____

(7) _____　(8) _____　(9) _____

Exercise B

次のイラストを見ながらストーリーをイメージして、回想しているつもりで表現してみましょう。その際、英文の [　　　] 内の動詞を適切な形にして表現してみましょう。

A.　動物園で

①動物園でゴリラに餌をやるが、

②ちらっと見ただけで投げ捨てられてしまい、ガッカリ。

I ⁽¹⁾[go] to a zoo and ⁽²⁾[see] a gorilla. I ⁽³⁾[throw] a banana to him. I ⁽⁴⁾[think] he was going to eat it. But to my shock, he just ⁽⁵⁾[hold] it, ⁽⁶⁾[look] at it, and ⁽⁷⁾[throw] it away.

(1) ＿＿＿＿＿＿＿　　(2) ＿＿＿＿＿＿＿＿　　(3) ＿＿＿＿＿＿＿＿　　(4) ＿＿＿＿＿＿＿＿

(5) ＿＿＿＿＿＿＿　　(6) ＿＿＿＿＿＿＿＿　　(7) ＿＿＿＿＿＿＿＿

B.　空港までタクシーで行く

①交通渋滞の中、タクシーを飛ばしてもらい、　　　② 何とか飛行機の便に間に合った。

There ⁽¹⁾[be] heavy traffic, so I ⁽²⁾[think] we were going to be late. I ⁽³⁾[ask] the taxi driver to go faster. Luckily, we ⁽⁴⁾[arrive] at the airport just in time for our flight to Ishigaki Island.

(1) ＿＿＿＿＿＿＿　　(2) ＿＿＿＿＿＿＿＿　　(3) ＿＿＿＿＿＿＿＿　　(4) ＿＿＿＿＿＿＿＿

Exercise C

（　　）内の語句を使って、以下の日本語で示された状況を、英語で表現してみましょう。

1. 私たちは、昨日、空手の練習をしました。自分のことは自分で守らなければいけないので。
   （practice karate）

   ＿＿＿＿＿＿＿＿＿＿＿＿＿＿＿＿＿＿＿＿＿＿＿＿＿＿ We have to protect ourselves.

2. その電車は新宿駅で突然停車しました。何があったのかわかりません。（suddenly）

   ＿＿＿＿＿＿＿＿＿＿＿＿＿＿＿＿＿＿＿＿＿＿＿＿＿＿ I don't know what happened.

3. ごめん、あなたのスマホを使わせてもらった。

   I'm sorry, but _____.

4. いつもは、布団を自分でたたむけど、今朝は、母が私のために布団をたたんでくれた。

   I usually fold up my futon. But _____.

5. 彼はそのボタンを押したけど、何も起こらなかった。 (push the button)

   _____, but _____.

◎ Target **2**　過去単純形を使って、過去の出来事を示し、過去進行形で
その背景を描写することができる。

❑　When my father **came** home, we **were watching** TV.
❑　He **broke** his leg while he **was skiing**.

Exercise **D** 🎧 11

Tool Box を参考にして、"When you called me last night, (あなたが昨夜電話をくれた時)" に続けて、
イラストの状況を表現しましょう。その後で音声を聞き、音読しましょう。

1.

When you called me last night, I _____
_____.

2.

When you called me last night, I _____
_____.

3.

When you called me last night, I _____
_____.

4.

When you called me last night, I _____

_____.

5.

When you called me last night, I _____

_____.

> **Tool Box** ※不要な表現も含まれています。
>
> take a bath / do my homework / watch TV in the living room / cook dinner /
> read a comic book / take my dog for a walk / be still sleep

Exercise E

日本語に合うように、「〜していた時に（A），…だった（B）」という内容の状況を英語にしてみましょう。Tool Box を参考にしても構いません。

1. コーヒーを飲んでいる時、むせ始めた。

   When she _____, she _____.

2. 宿題をしていると、友達から電話があった。

   When I _____, there _____.

3. 食事をしている時、両親が言い合いを始めた。

   When we _____, my parents _____.

4. 掃除している時、母がなくした指輪を見つけた。

   When I _____, I _____.

> **Tool Box A**
>
> do my homework / drink coffee /
> clean my room / have dinner

> **Tool Box B**
>
> find my mother's ring / start coughing / begin to
> argue / be a phone call from my friend

以下のストーリーの展開に沿って、ある変化について語ってみましょう。与えられた英文の空所に適当な語句を入れ（　　）内の語句も使って、英文を完成させましょう。

1.

ストーリーの展開
幼い頃、〜が嫌いだった。 過去
↓
でも、成長するにしたがって、好みが変わった。
↓
そして今、〜のことが大好きだ。 現在

When I was a little boy/girl, I didn't like _____

_____.

But as I grew up, my tastes changed.

And now, I like _____ very much.

2.

ストーリーの展開
最初、私たちは仲良くなかった。(not good friends) 過去
↓
でも、そのうち一緒に遊ぶようになった。(hang out)
↓
今はすごく仲良し。(close to each other) 現在

At first, we _____

_____.

But then later, we _____

_____.

And now, we _____

_____.

Wrap Up

（　　）内の語句を使って、日本語で示された状況を英語で表現してみましょう。

1. 会話をしているあいだ、あなたは私に嘘をついているのかと思いました。(telling / a lie)

   During the conversation, I _____.

2. 長い討論の末、ようやく合意にこぎつけた。(finally / came / agreement)

   After a long argument, we _____.

3. あなたがその質問をしたとき、私は他のことを考えていました。(thinking / something else)

   When you asked me the question, I _____.

未来について表現する

未来を展望して語る基本形

will（意志・推量）と be going to（行為に向かっている）

Say hi to your mom. —— OK, I **will**.

I'm sorry. I **won't** do it again

She **will** have a baby someday.

She **is going to** have a baby next month.

未来指向の to do

I **want to ask** you something personal.

Focused Dictation 🎧12

音声を聞いて、（　　）の中に聞こえた語句を書き込んでみましょう。

1. Trust me. (　　　) (　　　) (　　　) for sure.

2. He's (　　　) (　　　) (　　　) his job.

3. I think (　　　) (　　　) (　　　) again.

4. I (　　　) (　　　) (　　　) (　　　) Taiwan someday.

5. Do you think (　　　) (　　　) (　　　) (　　　) our discussion?

◎ Target 1   will を使って、未来のことについて、確実ではないが「～でしょう」という推量を表現することができる。

- ❑ I think she'**ll** like your present.
- ❑ Don't worry. Things **will** change for the better.

Exercise A 🎧13

次の日本語で示されたの部分の状況を、will と (　　) 内の語句を使って英語で表現してみましょう。その後で音声を聞き、音読してみましょう。

1. Look at the beautiful full moon. 明日は天気になるでしょう。(it / fine)

   _____

2. I'm not sure, but ケンはまた遅れるだろう。(late)

   _____

3. Naomi is studying so hard. 彼女はきっとテストに合格するだろう。(surely / pass)

   _____

◎ Target 2   Will you ～? を使って、「～してくれませんか」という依頼を表現することができる。

- ❑ **Will you** listen to me?
- ❑ **Will you** hold the door open for me, please?

Will you ～? は、「～する意志がありますか」ということから、「～してくれませんか」という依頼の表現として使えます。please を付けると丁寧な表現になります。

Exercise B

次の日本語で示された状況を Will you (please) 〜？と（　　）内の語句を使い、英語で表現してみましょう。

1. 空港まで車で送ってもらえますか。(drive me)

_____

2. このメールを読んでスペルの間違いを指摘してもらえますか。(email / point out / spelling)

_____

3. 今夜夕食を作ってもらえますか。(make dinner)

_____

4. 庭の芝生をカットしてもらえますか。(the grass / the garden)

_____

相手に予定や計画を尋ねる際に、"Will you 〜 ?" はあまり使いません。「〜してくれませんか」という依頼と混同されやすいため、相手に予定や計画を尋ねる際は "Are you going to 〜 ?" が定番表現になっています。

Are you going to come back earlier tonight? (今夜は少し早く帰ってこれそう?)

◎ Target **3** 「現在の意志」を表す will と、「ある行為に向かって進みつつある」 be going to の違いを理解し、使うことができる。

☐ OK, we'**ll** have a party tonight. (よし、今晩パーティをしよう) ◀ とっさのひらめき

☐ We'**re going to** have a party tonight. (今晩パーティをすることになっています)

あらかじめの予定

be going to *do* の going は「今、進んでいる状態」を示す形。to *do* は「行為に向かって」という意味合い。be going to *do* で、「(今)ある行為に向かって進みつつある」となる。「(今現に)進んでいる」ということは、それより前にすでに出発していたことになる。これが、will と be going to do の違い。

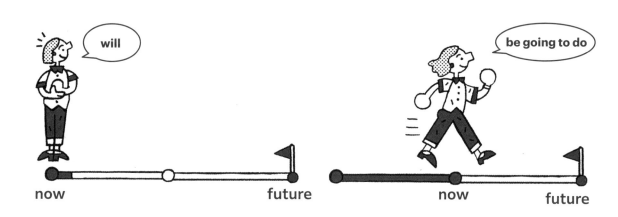

Exercise C 🎧14

(　　) 内の語句を使って、次の日本語で示された状況を英語にしてみましょう。その後で音声を聞き、音読しましょう。

1. 今夜は私が食後にお皿を洗うことになっています。(wash the dishes)

_____

2. 彼らは明日 5 つ星レストランに行く予定です。(a five-star restaurant)

_____

3. 彼は明日プレゼンをする予定です。(give a presentation)

_____

4. Mr. Ellis は来週私たちの学校を訪れる予定です。(visit our school)

_____

5. 私たちは来月、文化祭を行う予定です。(a school festival)

_____

Exercise D

イラストの状況に合わせて、何が起ろうとしているかを、（　　）内の語句を使って、英語で報告しましょう。Well、I think、It looks like などを足して、実況中継のように表現してみましょう。

> **What is going to happen?**

1.

Well, the boy is going to _____

_____.

(dive into the pool)

2.

I think they _____

_____.

(eat lunch)

3.

Now, she _____

_____.

(make a phone call)

4.

Watch out! The tree _____

_____.

(fall down)

◎ Target **4**　**want to *do something*** を使って、「（これから）〜したい」
という思いを表すことができる。

- ❏ I **want to go** to New Zealand someday. That's my dream.
- ❏ Takeshi **wants to study** abroad.

気持ちとしては何かしたいが、まだ具体的な計画などは立てていない段階を表します。

以下の日本語で示された状況を、イラストを参考にして、「～したいこと」を want to *do something* で表し、そのために何をするかを、will と（　　）内の語句を使って表現してみましょう。

1. いつか船で世界中を周りたい。そのために、ヨットのレッスンを受けて、地理を勉強します。
(sail / sailing lessons / geography)

I _____ someday. In order to make that happen,

I _____.

2. 自分の家を持ちたい。そのために、一生懸命働いてお金をためます。(have / save money)

I _____ someday. In order to make that

happen, I _____.

3. プロのサッカー選手になりたい。そのために、毎日練習します。(a professional soccer player)

I _____. In order to make that happen,

_____.

Wrap Up

（　　）内の語句を使って、日本語で示された状況を英語で表現してみましょう。

1. 今晩パーティをするんだけど、来たい？(have)

_____ Do you want to join us?

2. A: ジョンに電話した？　B: あ、忘れた。今かけよう。(call)

A: Did you call John? B: Oh, I forgot. _____

3. 大学を卒業してから何がしたいですか。(want)

_____ after you graduate from college?

「すでになされた(done)状況を have する」
現在完了形（have done）

現在完了形

過去 ← 現在 → 未来

have

lost

I **have lost** my bag.
（なくしてしまって今もない）

過去単純形

過去 ← 現在 → 未来

lost

I **lost** my bag.
（過去のある時点でなくした）

Focused Dictation 🎧15

音声を聞いて、（　　）の中に聞こえた語句を書き込んでみましょう。

1. (　　　　) (　　　　) (　　　　) (　　　　) a self-driving car?

2. (　　　　) (　　　　) (　　　　) since we were kids.

3. How many foreign countries (　　　) (　　　) (　　　) (　　　)?

4. (　　　　) (　　　　) (　　　　) (　　　　), so I'm not hungry.

5. I (　　　) (　　　) (　　　) (　　　　) last night, but I couldn't.

> ◎ Target　現在完了形を使って、現在とかかわりのある状況を表現する
> ことができる。
>
> ❐　I **have been** to South Korea once.
> ❐　I **haven't finished** writing my paper yet.

Exercise　A

次の英文を日本語の指示に従って書き換えてみましょう。

1. I have been to Furano.
   a.「行ったことがない」という否定文に

   _____

   b.「3 回行ったことがある」という文に

   _____

   c.「あなたは行ったことがあるか」という疑問文にして、Yes で答える

   _____

2. I have checked my e-mail.
   a.「まだ〜していない」という否定文に (not / yet)

   _____

   b.「もう〜したか」という疑問文にし、Yes で答える

   _____

   c. 主語を My father にして（my を his にして）書き換える

   _____

Exercise B 🎧16

誰かが何かをしようとしています。その後、時間が経過して、今、写真が示すような状況になりました。
（　　）内の動詞を適切な形（単純形・進行形・完了形など）にして、それぞれの状況を英語で表現し
てみましょう。その後で音声を聞き、音読しましょう。

1. I'm going to wash the car. (wash)

　　　Look! I _____ the car. I _____ the car.

2. He's going to pick apples. (pick)

　　　Look! He _____ apples.　　He _____ a lot of apples.

3. I'm going to paint the wall. (paint)

　　　Now, I _____ the wall white. Okay, I _____ the wall white.

Exercise C

以下の日本語で示された状況を（　　　）内の語句も使い、英語にしてみましょう。

1. 私はこの映画を3度見たことがあります。

   I have _____.

2. 私は一度も政治家と直接会って話したことがない。
   (a politician / in person)

   I _____.

3. 石垣島を訪れたことはありますか。

   Have you _____

   _____?

4. 京都に何度行ったことがありますか。

   How many times _____

   _____?

Exercise D

以下の日本語で示された状況を、現在完了形と（　　　）内の語句も使って英語で表現してみましょう。

1. 犬にエサをやったとき食べなかったけど、出かけて帰ってきたら食べていた。(eat)

   When I gave him food, he didn't eat it.

   Oh, look! Pochi _____ the food now.

2. もう学校に行かなくちゃ、でも宿題をやってない。(finish)

   I have to go to school, but I _____ my homework yet.

3. タイで一度、象の背中に乗ったことがある。また乗りたいな。(ride)

I _____ on an elephant once in Thailand. I want to ride on one again.

4. 僕らは小学生の頃から知り合いだ。もう 10 年になる。(know)

We _____ each other since we were elementary school students.

It's been ten years.

Exercise **E** 🎧17

( ) 内の動詞を現在完了形 (have done) で用いて、以下の状況にふさわしい英文にしてみましょう。
その後で音声を聞き、音読しましょう。

1. 状況：修理を終えて、今はちゃんと使えています。(I repair)

_____ the washing machine.

It's working now.

2. 状況：雨もあがって、もう降らないでしょう。(stop raining)

It _____, so you don't

need an umbrella.

3. 状況：なんだか初対面とは思えませんね。(meet you)

I think I _____

somewhere before.

4. 状況：シャツにコーヒーをこぼしたウェイターに「何てことを〜」とクレームを言う。(you do)

Look what _____ to me.

Exercise F

以下の対話の状況で、（　　）内の語句を現在完了形が使えるときには現在完了形で、そうでない場合は過去単純形で表現しましょう。

1.

   A: Where is Mary now?

   B: She _____. She'll be back in

   about an hour. (go shopping)

2.

   A: Are you Okay?

   B: Yes, thanks. I _____, but I'm

   fine now. (have a headache)

3.

   A: How is the weather there?

   B: It _____ for a while, but now it's

   raining again. (stop raining)

Wrap Up

（　　）内の語句を使って、日本語で示された状況を英語で表現してみましょう。

1. シンガポールに行ったことはありますか。(ever been to)

   _____

2. 課題はもう終えましたか。(assignment)

   Have _____?

3. 最近、運動をしてないな。(do exercise / recently)

   _____

「作用を受けた対象」を主語にして表現する「受動態」

能動態：

The horse **hit** the boy.

動作主　　　　　　　対象

受動態：

The boy **was hit by** the horse.

作用を受けた対象　　　　　動作主

実際の表現としては、＜ by ～＞を伴わない受動態が多く使われる。

English **is used** across the world.

I'm **worried** about you.

Focused Dictation 🎧 18

音声を聞いて、（　　）の中に聞こえた語句を書き込んでみましょう。

1. The boy (　　　) (　　　　) (　　　　) (　　　　) (　　　　　) while riding on a bicycle.

2. Our tickets (　　　) (　　　　) (　　　) (　　　) at the entrance.

3. My umbrella (　　　　) (　　　　) (　　　　) (　　　) (　　　).

4. He's so famous that his name (　　　) (　　　　) (　　　) (　　　).

5. The missing children (　　　) (　　　) (　　　) by the rescuers.

◎ Target 1 作用を受けた対象の側に注目して、受動態を使って表現することができる。

- ☐ The self portrait **was painted** by Van Gogh.
- ☐ More than one hundred people **are employed** by the company.

Exercise A

（　　）内の語句を使って、以下の日本語で示された状況を英語にしてみましょう。

1. ジョン F. ケネディはいまだに多くのアメリカ人に好かれている。

   John F. Kennedy is still _____.

2. その映画は黒澤明によって制作されたものだ。(produced)

   The movie _____.

3. この寺院はかつて信長によって燃やされたものだ。(burned down)

   This temple was once _____.

4. 暗証番号がハッカーに盗まれた。(stolen)

   My security number has _____.

◎ Target 2 < by ～>のない（典型的な）受動態を、その発想を理解した上で使うことができる。

- ☐ His wallet **was stolen** yesterday.（彼の財布は昨日盗まれた）
  →行為者が不明で明示できない。

- ☐ Portuguese **is spoken** in Brazil.（ブラジルではポルトガル語が話されています）
  →言語を話すのはその国の人々であるのは自明なので、敢えて「誰によって」かを示す必要がない。

- ☐ A bomb **was dropped** on a village today.（今日、村に爆弾が落とされた）
  →行為者を示したくない状況。「爆弾が落とされた」という結果が客観的に示される。

Exercise **B** 🎧19

（　　）内の語句を使って、以下の日本語で示された状況を英語にしてみましょう。その後で音声を聞き、音読をしましょう。

1. 私たちの学校は 2008 年に設立されました。(established)

　　_____

2. この e メールは英語で書かれています。

　　_____

3. 彼の本は海外では広く読まれています。(abroad)

　　_____

4. このコンピュータはロックされています。(locked)

　　_____

5. 英語とマオリ語はニュージーランドで話されています。(Maori)

　　_____

6. ここでは喫煙は固く禁止されています。(strictly / prohibited)

　　_____

◎ Target **3**　受動態の表現を、いろいろな時制で使うことができる。

「現在・単純」の受動態（is/am/are + done）
- ☐ This classroom **is cleaned** by them.（この教室は彼らによって掃除されます）

「現在・進行」の受動態（is/am/are + being done）
- ☐ This classroom **is being cleaned** by them.（この教室は彼らによって掃除されています）

「現在・完了」の受動態（have/has + been done）
- ☐ This classroom **has been cleaned** by them.（この教室は彼らによって掃除されたところです）

「過去・進行」の受動態（was/were + being done）
- ☐ This classroom **was being cleaned** by them.（この教室は彼らによって掃除されていました）

以下の日本語で示された状況を、[　　]内の動詞を適切な形にして、英語で表現してみましょう。

1. これらの教室は、そのとき生徒たちによって清掃されていました。

   These classrooms [clean] by the students then.

   _____

2. この歌は、多くの歌手によって歌われてきました。

   This song [sing] by many singers.

   _____

3. 彼は長い間、多くのアスリートたちによって尊敬されてきました。

   He [respect] by many athletes for many years.

   _____

4. 私のコンピュータは今、修理中です。

   My computer [repair] now.

   _____

5. その e メールはちょうど送信されたところです。[just を補う]

   The e-mail [send].

   _____

◎ Target **4**　受動態の構文を、助動詞と組み合わせて使うことができる。

□ Something **must be done** before it's too late.

□ An e-mail **is going to be sent** to you right away.

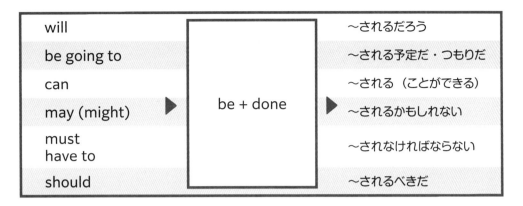

will		～されるだろう
be going to		～される予定だ・つもりだ
can	be + done	～される（ことができる）
may (might)	▶	～されるかもしれない
must have to		～されなければならない
should		～されるべきだ

Exercise D 🎧20

日本語で示された状況に合うように、（　）に適切な語句を入れなさい。その後で音声を聞き、音読しましょう。

1. キウィ（鳥）はニュージーランドで見られます。

   Kiwis (　　　) (　　　) (　　　) in New Zealand.

2. 環境は保護されなければなりません。

   Our environment (　　　) (　　　) (　　　).

3. 彼女の新しい小説が来週、出版される予定です。

   Her new novel (　　) (　　) (　　) (　　) (　　) next week.

◎ Target **5**　look after などの群動詞を、受動態で使うことができる。

- ❏ The girl **was brought up** by her grandparents.
- ❏ Our meeting **was put off** till next month.

---

look after のように 2 語以上でまとまって 1 つの動詞として機能するものを「群動詞」と呼びます。では、Maiko looks after this cat.（麻衣子はこのネコの世話をします）を、「この猫は麻衣子によって世話されています」という受動態の文にしてみましょう。

Maiko **looks after** this cat.
↓
This cat **is looked after** by Maiko.

下線部を主語にした英文を作成しましょう。

1. Maki takes care of <u>the rabbit</u>.

   _____

2. Everyone laughed at <u>him</u>.

   _____

3. The students carried out <u>the experiment</u> last month.

   _____

4. We put off <u>the meeting</u> until next Monday.

   _____

5. A police officer spoke to <u>me</u>.

   _____

Wrap Up

（　　）内の語句を使って、日本語で示された状況を英語で表現してみましょう。

1. モナリザはレオナルド・ダ・ビンチによって描かれた。(the Mona Lisa / Leonardo DaVinci)

   _____

2. 郵便物は日曜日以外、毎日配達される。(mail / delivered / except)

   _____

3. 誰が大阪支店に転勤になったんですか。(transferred / the Osaka branch)

   _____

助動詞 can/may/must のコア

事実を述べる→ She **is studying** in the library.

「かもしれない」という判断を示す　→　She **may** be studying in the library.

「違いない」という判断を示す　　　→　She **must** be studying in the library.

「はずがない」という判断を示す　　→　She **cannot** be studying in the library.

can のコア：可能である

    She **can** speak three languages.

    You **can** sit here.

may のコア：妨げるものがない

    May I go to the bathroom?

must のコア：強制力がはたらく

    You **must** keep your promise.

Focused Dictation 🎧21

音声を聞いて、(　　) の中に聞こえた語句を書き込んでみましょう。

1. (　　　　) (　　　　　) (　　　　　) (　　　　　) a hand?

2. You (　　　　) (　　　　) (　　　　) (　　　　).

3. (　　　　) (　　　　　) (　　　　) (　　　　　) or is this seat taken?

4. Her story (　　　　) (　　　) (　　　　).

5. (　　　　) (　　　　) (　　　　) (　　　　　) in the library.

「エッセイを終わらせる」ということを表すとき、日本語では「終わらせる」という動詞にある表現を加えて、さまざまなバリエーションを作ることができます。1. ～ 4. の日本語を英語ではどう表現するのでしょうか。対応する英文を **a** ～ **d** から選んでみましょう。その後で音声を聞き、音読しましょう。

1. 私はエッセイを今晩<u>終わらせることができます</u>。 　　　　[　　　　]

2. 私はエッセイを今晩<u>なんとしても終わらせなければなりません</u>。 　　　[　　　　]

3. 私はエッセイを今晩<u>終わらせるかもしれません</u>。 　　　　[　　　　]

4. 私はエッセイを今晩<u>終わらせる必要がありません</u>。 　　　　[　　　　]

a. I **can** finish my essay tonight. 　　　**b.** I **don't have to** finish my essay tonight.

c. I **must** finish my essay tonight. 　　　**d.** I **may** finish my essay tonight.

◎ Target **1** 　can のコアを理解して、使うことができる。

can のコア：「可能である」という判断を示す。

can の主な用法 ┬ 「～できる」（能力）
　　　　　　　├ 「～してもよい」（許可）
　　　　　　　└ 「～があり得る」（可能性）

□　She **can** speak three languages fluently.

□　You **can** go home anytime you like.

□　Life **can** be stressful sometimes.

写真に示された生物にとって、どんなことが可能か Tool Box を参照して英語で表現して、音声を聞き音読しましょう。生物は a mosquito のように < a(n) + 名詞 > の形で表現してみましょう。

Tool Box　※不要な表現も含まれています。

live without water for a long time / bite you / eat the leaves of tall trees /
roar very loudly / dig holes in the ground / carry a baby in its pouch

1. A mosquito _____.

2. _____

3. _____

4. _____

◎ Target **2**　**cannot [can't]** の用法を理解して、使うことができる。

「〜できない」（能力の否定）

「〜はずがない」（可能性の否定）

❏　I **can't** snowboard like you do.

❏　The rumor **can't** be true.

Exercise C

日本語で示された状況に合うように、（　　）内の語句も使って、英語で表現してみましょう。

1. 昨日彼に会いましたよ。今、沖縄にいるはずがありません。

I saw him yesterday. He _____.

2. 彼が未成年のはずはありません。もう大学を卒業していますから。(under age; under twenty)

He _____. He's already graduated from university.

Target 3　対話の中で Can I ～? と Can you ～? を使って、許可を求めたり依頼したりすることができる。

☐ A: **Can I** open the window?

B: Sure. Go ahead.

☐ A: **Can you** wait another ten minutes?

B: Sorry, I can't.

Exercise D

次の日本語で示された状況を英語にして、英語の会話スキットを完成させましょう。

A: Mom, 今日の午後、ケンジとカラオケに行ってもいい?

英語表現 1. _____

B: Have you finished your homework?

A: Well, sort of. I've done 90% of it already.

B: Finish it up now, そうしたら行ってもいいわよ。

英語表現 2. _____

Target 4　対話の中で Could I ～? や Could you ～? を使って、丁寧に許可を求めたり依頼したりすることができる。

☐ **Could I** visit you tomorrow?（丁寧に許可を求める）

☐ **Could you** say that again, please?（丁寧に依頼する）

Exercise E

次の下線の部分を、Can [Could] I ～? または Can [Could] you ～? のいずれかを使って英語で表現してみましょう。（　　）内の英語は心の中のつぶやきです。

1. 次は英語の時間。しかし英和辞書を持ってくるのを忘れてしまいました。そこで、隣のクラスの友達に辞書を借りることができるか尋ねてみましょう。

(Oh, no! I forgot to bring my dictionary.) _____

2. 数学の授業中。熱のこもった授業に思わず先生の口調が速くなり、大切な部分を聞き逃してしまいました。そこで、先生にもっとゆっくり話してもらうよう頼みましょう。

(He speaks so fast. I couldn't catch what he said.)

___

◎ Target **5** may のコアを理解して、使うことができる。

may のコア：「妨げがない」という判断を示す。

may の主な用法 ┫ 「〜してもよい」（許可）
「〜かもしれない」（推量）

❑ You **may** go home now.
❑ He **may be** telling a lie.

Exercise F

次の日本語で示された部分の状況を（　）内の語句も使って英語にして、会話文を完成させましょう。

1. A: Oh, it's freezing cold today!

   B: Yes, 午後、雪が降るかもしれないよ。

___

2. A: I can't believe what he says. It doesn't make sense.

   B: 彼は真実を隠しているのかもしれないね。(hiding / truth)

___

◎ Target **6** must のコアを理解して、使うことができる。

must のコア：「強制力」がはたらくという判断を示す。

must の主な用法 ┫ 「〜しなければならない」（義務）
「〜に違いない」（推量）

❑ You **must** keep your promise.
❑ You **must** be kidding.

must と have to

must：「強制力」が働き、何が何でもやらなければならないという感覚。

have [has] to：周囲の状況によって、何かをしなければならないという感覚。

must not ~：「~してはいけない」（禁止）

don't [doesn't] have to ~：「~しなくてもよい」（不要）

Exercise G

次の日本語で示された状況を must あるいは have to と（　　）内の語句も使って、英語にしてみましょう。

1. 交通規則：「車に乗っているときは、シートベルトを締めなければなりません」（fasten / seatbelt）

   _____

2. 課題の締め切り：「今日、レポートを提出する必要はありません」（submit）

   _____

3. 博物館内で：「ここで写真を撮ってはいけません」

   _____

Wrap Up

（　　）内の語句を使って、日本語で示された状況を英語で表現してみましょう。

1. 彼女はまだ図書館で勉強しているかもしれない。(still)

   _____

2. 塩をとってもらえますか。(could / pass)

   _____

3. 彼が本当のことを言っているはずはない。(the truth)

   _____

Unit 8　To Do（不定詞）を使って表現する 1

前置詞 to から to 不定詞へ

前置詞 "to"：「（空間的的に）対象と向き合って」

    face **to** face

    The score was 3 **to** 1.

    the key **to** the door

    dance **to** the music

    I went **to** the convenience store. （到達点）

不定詞 "to do"：「（時間的に）行為と向き合って」　　｜ 一般に未来指向

    I want **to travel** around the world.

    There is a lot of work **to do**.

    I'll do all I can **to help** you.

Focused Dictation 🎧24

音声を聞いて、（　　）の中に聞こえた語句を書き込んでみましょう。

1. I'm so sad. She's (　　　　) (　　　　　) leave me.

2. There is a lot of (　　　　) (　　　　) do today.

3. We still have (　　　　) (　　　　) (　　　　) to go.

4. (　　　　) (　　　　) (　　　　) (　　　　　), we must do more research.

5. He (　　　　) (　　　　) (　　　　) (　　　　) a famous scientist.

Target **1**　to do を使って、「これからすること」が表現できる。

☐　I'm planning **to take** a Zoom conversation class.

☐　I want **to go** to the convenience store nearby.

Exercise　A　

to do は「これから〜すること」を表します。以下のフレーズの意味を思い浮かべながら音声を聞き、音読しましょう。

○ ○ ₀　to go to Okinawa

to study very hard ₀ ○ ◯

○ ₀　to learn real English

to clean my room　₀ ○ ◯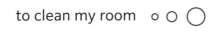

○ ₀ ₀　to buy a new smartphone

to make a lot of money　₀ ○ ◯

○ ₀　to work part-time

Exercise B

自分の気持ちとこれから行うことを組み合わせましょう。その上で、下の問いに対する自分の答えを完成させましょう。

 自分の気持ち（チャンク A）

I really want 〜（ぜひ〜したい）
I hate 〜（絶対に〜したくない）
I refuse 〜（〜するのを拒否する）
I'm planning 〜（〜する計画だ）
I've decided 〜（〜することに決めた）

 何を？

これから行うこと（チャンク B）

to go to Okinawa
to study very hard
to clean my room
to buy a new smartphone
to work part-time
to try surfing
to eat meat

1. What do you really want to do?

   I really want to _____.

2. What do you hate to do?

   I hate to _____.

3. What do you refuse to do?

   I refuse to _____.

4. What are you planning to do?

   I'm planning to _____.

5. What have you decided to do?

   I've decided to _____.

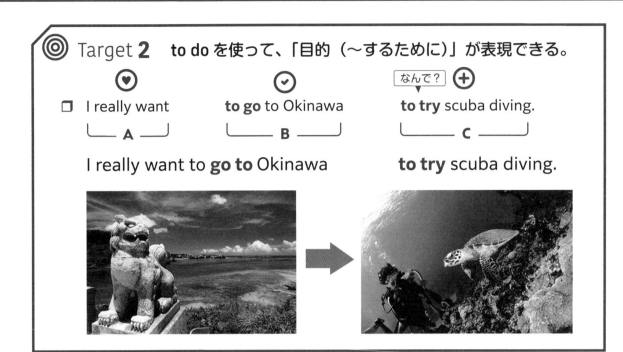

◎ Target **2**　to do を使って、「目的（〜するために）」が表現できる。

☐　I really want　　　　**to go** to Okinawa　　　**to try** scuba diving.

　　└──── A ────┘　　　└──── B ────┘　　　└──── C ────┘

I really want to **go to** Okinawa　　**to try** scuba diving.

Exercise C

「なんで？」に関する情報を加えて、AB + C の英文を 3 つ作成しましょう。

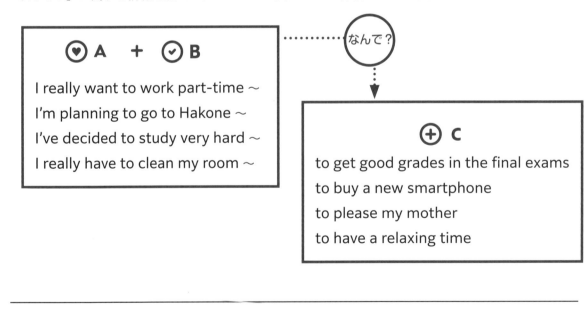

_____

_____

_____

 Target **3**　名詞を後ろから修飾する **to do** を使うことができる。

- ☐　I have a lot of things **to do**.
- ☐　There's nothing **to complain about**.

Exercise **D** 26

以下はある本についての記述です。Tool Box からどんな本かを示す表現を選んで英文を完成させましょう。その後で音声を聞き、音読しましょう。

> Now, look at this.
> This is a book ～

1. すぐに読む

   This is a book _____.

2. あらゆる生徒に薦める

   This is a book _____.

3. 買って読むべき

   This is a book _____.

4. もっと一生懸命勉強するようにひと押ししてくれる

   This is a book _____.

Tool Box

to recommend to every student / to buy and read / to read right away /
to give me a push to study harder

Exercise E

不定詞の表現に「いつ」に関する情報を足してみましょう。I really want **to go** to Hawaii. や I really have **to clean** my room. などの to do は「これから～すること」を表します。これらの表現に「いつ」に関する情報を加えると、より具体的に思いを表現することができます。

「いつ」に関する情報

this summer この夏に	sometime in the future いつか将来
right now 今すぐ	later 後で

上の「いつ」に関する情報を、以下の表現（AB ＋ C）と組み合わせて、＜ AB ＋ X（いつ）＋ C ＞の文を 2 つ作成してみましょう。

♥ A ＋ ✓ B

I really want to work part-time ～
I'm planning to go to Hakone ～
I really have to clean my room ～

⋯⋯（なんで？）⋯▶

⊕ C

to buy a new smartphone
to please my mother
to have a relaxing time

_____

_____

Wrap Up

（　　）内の語句を使って、日本語で示された状況を英語で表現してみましょう。

1. ぜひ、SNS で自分の思いを拡散したい。(spread / thoughts and ideas / social media)

_____

2. 健康維持のために毎日運動することに決めました。(to exercise / stay fit)

_____

3. 今週はやらなきゃいけない課題がたくさんあるんだ。(assignments)

_____

動名詞の描くイメージ

進行形（be + doing）

She **is singing** on the stage.
（現に歌っている）

動名詞（doing）

Singing on the stage is her profession. She is a professional singer.
（歌うこと〔動作〕を思い描いている）

I love **going out to eat with my family**.
I'm interested in **hearing your comments**.

Focused Dictation 🎧27

音声を聞いて、（　）の中に聞こえた語句を書き込んでみましょう。

1. (　　　) (　　　) (　　　).

2. (　　　) (　　　) (　　　) is good for your health.

3. I like (　　　) (　　　) (　　　) (　　　).

4. Are you interested (　　　) (　　　) (　　　) (　　　)?

5. My brother (　　　) (　　　) (　　　) (　　　) every day.

Target 1　動詞の前後で動名詞（doing）を使うことができる。

- ☐ **Going to karaoke** is a lot of fun.
- ☐ I like **going to karaoke**.

Exercise A 🎧28

A（動名詞）＋Bのチャンキングで意味が通るように、AとBを組み合わせて英文を6つ作成しましょう。その後で音声を聞き、音読しましょう。

チャンク A	チャンク B
Downloading this app	is boring
Riding a roller coaster	is really good for your health
Doing 50 push-ups every day	is unthinkable
Chatting with someone online	is thrilling
Eating spinach	is a lot of fun
Studying English for 3 hours alone	is easy

_____

_____

_____

_____

_____

_____

Exercise **B** 🎧 29

A + B（動名詞）のチャンキングで意味が通るように、A と B を組み合わせて英文を 5 つ作成しましょう。
その後で音声を聞き、音読しましょう。

チャンク A
Stop ～ （～するのはやめて）
I enjoyed ～ （～して楽しかった）
He gave up ～ （～するのをあきらめた）
She just finished ～ （ちょうど～することを終えた）
Would you mind ～ （～してもらえませんか？）

チャンク B
drinking and smoking
fixing the computer
closing the window
singing
talking with an old friend

_____

_____

_____

_____

Target 2 前置詞の後ろで動名詞（doing）を使うことができる。

☐ He is good at **making people laugh**. He's so funny.
☐ I'm proud of **having you as my friend**.

Exercise C

A + B（動名詞）のチャンキングで意味が通るように、A と B を組み合わせて英文を 4つ作成しましょう。

チャンク A	チャンク B
He is good at	being the winner of the award
I'm interested in	seeing you again
I'm proud of	speaking Chinese
I look forward to	going abroad

_____

_____

_____

_____

Exercise D

( ) 内の語句を使って、日本語で示された状況を英語で表現してみましょう。

1. 普段はクラシックを聴くのが好きです。(classical music)

   I usually _____.

2. この映画はお薦めです。きっと見て楽しめると思いますよ。

   I recommend this movie. You can _____

   _____.

3. パンデミックのせいで、彼らは、今年は富士山に登るのをあきらめました。(climb Mt. Fuji)

   Because of the pandemic, they gave up _____.

◎ **Target 3** 動詞に続く不定詞（**to do**）と動名詞（**doing**）を使い分けることができる。

❏ 不定詞・動名詞ともに取ることができる動詞

begin（始める） forget（忘れる） hate（嫌う） like（好む） love（好む） remember（思い出す）
start（始める） try（試みる） etc.

❏ 不定詞だけしか取れない動詞（未来志向）

decide（決める） promise（約束する） want（望む） wish（望む） etc.

❏ 動名詞だけしか取れない動詞

mind（気にする） enjoy（楽しむ） give up（諦める） avoid（避ける） finish（終える）
escape（逃げる） postpone（延期する） put off（延期する） stop（やめる） etc.

Exercise E

( ) 内の語句を使って、日本語で示された状況を英語にしてみましょう。

1. 私たちは、昨夜映画を見て楽しみました。(enjoy / watch)

   _____

2. 来春、東京に引っ越しをする決心をしています。(decide / move)

   _____

3. 先週は伊豆に行くのをあきらめました。(give up / go)

_____

4. 放課後、おばあちゃんのところに立ち寄ってもらってもいい？ (mind / drop by)

_____

5. まだ、宿題をやり終えていません。(finish / do)

_____

6. 父はやっと喫煙をやめました。(stop / smoke)

_____

7. 彼は今週末ディズニーランドに私を連れて行ってくれる約束をしました。(promise / take)

_____

8. 妹はファーストフードを食べるのを避けるようにしています。(avoid / eat)

_____

9. 弟はシステムエンジニアになることを望んでいます。(want / system engineer)

_____

Wrap Up

（　　）内の語句を使って、日本語で示された状況を英語で表現してみましょう。

1. 君の気持ちを傷つけることが心配だったんだ。(afraid of / hurting / feelings)

_____

2. 今日はあなたと一緒に時間を過ごせて楽しかったです。(enjoyed / spending time)

_____

3. ジャズを聞くことが私の好きな余暇の過ごし方です。(jazz / favorite pastime)

_____

助動詞 must / have to / should / had better のニュアンス

must：「強制力」が働き、他に選択肢がないという感じ。

have to：状況的に、何かをしなければならない（to do を have している）という意味合い。

should：強制力のない穏やかな提案や助言で使われる。

had better：「した方がいい（さもないと～）」といった警告の響きがある。

All passengers **must** wear seatbelts.

I can't see you tomorrow. I **have to** go to the dentist.

You **should / had better** listen to my advice.

助動詞＋ have done（すでになされた事柄についての推量）

She **may have been** rich when she was young.

I **must have eaten** too much last night.

Focused Dictation 🎧30

音声を聞いて、（　　）の中に聞こえた語句を書き込んでみましょう。

1. You (　　　　) (　　　　) (　　　　　) in class.

2. I think you (　　　　) (　　　　) (　　　　) (　　　　) (　　　　).

3. You (　　　　) (　　　　　) (　　　　) (　　　　　) (　　　　) people.

4. I (　　　　) (　　　　　) (　　　　) (　　　　) somewhere before.

5. I'm so sorry. I (　　　　) (　　　　) (　　　　　) your words.

◎ Target **1**　should を使って、穏やかな提案や助言をすることができる。

- ☐　You **should** go to see a doctor.
- ☐　I think you **should** apologize to her.

should は「～すべきですよ」「～するのがいいよ」と穏やかな提案や助言をするときに使います。「強制力」を伴う must に対して、should は「するもしないも相手次第」といった感じです。I think ～ should …や Do you think ～ should…? もよく使われます。

「どうすべきでしょうか」と助言を求めるには、What should I do? や What do you think I should do? と表現するとよいでしょう。

Exercise A 🎧31

次の日本語で示された状況を、should と（　　）内の語句を使って英語で表現してみましょう。I think で始めても構いません。その後で音声を聞き、音読しましょう。

1. あなたは Bob に謝るべきです。(apologize)

_____

2. あなたは医者に診てもらうべきです。(go to see a doctor)

_____

3. 私たちは約束を守るべきです。(keep our promise)

_____

4. 君は運転にもっと慎重になる方がいいよ。(more careful when driving)

_____

◎ Target **2**　had better を使って、「～した方がよい（さもないと…）」と警告の意味をこめて表現することができる。

- ☐　Mother: You **had better** tidy your room right now.

  　　　 Son: Okay, mom. I will.

Exercise B

次の日本語で示された状況を had better と（　　）の語句も使って、英語で表現してみましょう。

1. あなたはここを立ち去った方がいいです（さもないと…）。

_____

2. あなたは私に謝った方がいいです（さもないと…）。

_____

3. あなたは本当のことを言った方がいいです（さもないと…）。(the truth)

_____

4. ハッキリと話した方がいいよ。さもないと君の話しを理解できないからね。

_____ or I won't be able to understand you.

Exercise C

以下の与えられた状況に合うように、must / have to / should / had better のいずれかを使って、英語で表現してみましょう

1. 状況：電車ではスマホの通話は控えてと、「規則厳守」というニュアンスで訴える。

You say:

"You (　　　　　　) refrain from talking on your phone on

the train."

2. 状況：友達の家に遊びに来た A さんに友達のお母さんが、「遅くならないうちに帰った方がいいわね」と穏やかにアドバイスする。

The mother says:

"You (　　　　　　) get home before it gets dark."

Target 3　＜助動詞＋ have done ＞を使って、「すでになされた事柄についての判断」を示すことができる。

☐ I **may have seen** that movie before, but I don't remember clearly.
may have done「～したかもしれない」

☐ I didn't hear my phone. I **must have been** asleep.
must have doe「～したに違いない」

She is rich. という現在の事柄について、「そうかもしれない」という判断を加える。

　　→ She **may be** rich.　　（＜助動詞＋原形＞なので、may の後で is は使えない）

She was rich. という過去の事柄について、「そうかもしれない」という判断を加える。

現在の判断
may ＋ **have been**
すでになされた事柄

　→ She **may have been** rich.（＜助動詞＋原形＞なので、may の後で was は使えない）

Exercise　D

以下の状況に合うように、must have done の形を下線部に入れ、（　　）内の語句も使って、英語で表現してみましょう。

1. 状況：スマホがない。きっと電車に忘れて来たんだ。(leave it on the train)

I lost my smartphone. I _____

_____.

2. 状況：帰宅したら窓が開いていた。閉め忘れだ。 (forget to close it)

When I got home, a window was open. I _____

_____.

3. 状況：彼女、きっと忘れちゃったんだよ。(forget)

She's already twenty minutes late. She _____

_____ about our appointment.

4. 状況：交通量が多かった。事故があったにちがいない。(there / be)

There was a lot of traffic on the highway today. _____

_____ an accident.

Exercise E 🎧 32

以下の対話文の状況をふまえて、（　　）内に与えられた動詞を may have done の形にし、下線部に入れて英語で表現してみましょう。その後で音声を聞き、音読しましょう。

1. 状況：「言ったか言わなかったか」で、もめている。(say)

A: I _____ so, but I don't

remember.

B: You did. I remember crying after hearing your

words.

2. 状況：電話したのに、出てくれなかった。(be taking a shower)

A: I wonder why Kenji didn't answer my phone call.

B: He _____ at that time.

3. 状況：リサと一緒にいたのは誰？ (be)

A: Who was the guy we saw with Risa yesterday?

B: I'm not sure. It _____

her brother.

4. 状況：まだ大学にいるのかな。 (go)

A: Do you know where Linda is? Is she still on

campus?

B: She was here earlier, but she _____

_____ home.

Wrap Up

( ) 内の語句を使って、日本語で示された状況を英語で表現してみましょう。

1. あなたにこのことは伝えておかないといけません。ご存じないかもしれないので。
(have to / you this)

_____ in case you don't know.

2. このトレーニングはいつ始めたらいいでしょうか。(when / you think / should)

_____

3. きっとこの歌は知っているでしょう。以前聞いたことがあるに違いありません。
(heard it / before)

I'm sure you know this song. _____.

To Do（不定詞）を使って表現する 2

to do の構文パターン

It's impossible (for him) **to finish** the work in a day.
　⇒**形容詞**（easy, difficult, possible, impossible, etc.）で判断を示し、その内容を **to do** で示す構文。

I'm glad **to see** you again.
　⇒**形容詞**（happy, glad, pleased, excited, surprised, etc.）で感情を示し、その原因となる行為を **to do** で示す構文。

I want you **to be** quiet.
　⇒**動詞**（want, ask, tell, etc.）＋人＋ **to do** の構文
　　誰かが「行為と向きあう」ように〜する。

I saw her **cross** the street.
　⇒**知覚動詞**（see, hear, feel）＋人＋ **do**（原形）の構文
　　to do（これからする）では知覚の対象とならない。

I'll have him **call** you back.
　⇒**使役動詞**（make, have, let）＋人＋ **do**（原形）の構文
　　使役＝「誰かが何かをする (do)」状況を make、have、let する。

Focused Dictation 🎧33

音声を聞いて、（　　）の中に聞こえた語句を書き込んでみましょう。

1. It's (　　　) (　　　) (　　　　) understand his lecture.

2. I (　　　) (　　　) (　　　) (　　　)(　　　) the same mistake.

3. I (　　　) (　　　) (　　　) (　　　) the news.

4. I (　　　) (　　　) (　　　　) their favorite song.

5. (　　　) (　　　) (　　　) (　　　).

◎ Target 1 ＜ It is … (for 人) to do ＞を使って、「(人にとって) ～することは…だ」という表現ができる。

☐ It is important [for all of us] to keep our promises.

It is important for all of us **to keep our promises**

Exercise A

以下の表現 [A] [B] [C] を自由に組み合わせて英文を3つ作ってみましょう。その後で音声を聞き、音読しましょう。

(A)	(B)	(C)

It is important
It is boring
It is convenient
It is difficult
It is necessary
It is interesting
It is embarrassing
	+	for Naomi
		for Ken
		for language
		  learners
		for Japanese people
		for all of us
			+	to follow the rules
				to make mistakes in front of
				  people
				to do push-ups every day
				to eat three meals a day
				to write an essay in English
				to use Zoom to talk to people

_____

_____

_____

Exercise B 🎧 35

以下の日本語のガイドにしたがって（　　）内の語句も使い、英語で文を作ってみましょう。その後で
音声を聞き、音読しましょう。

1. ［それって大切です］ → ［毎日野菜を食べることは］

_____

2. ［それって必要です］ → ［彼女に本当のことを伝えることは］（the truth）

_____

3. ［それって難しいです］ → ［その試験に合格することは］

_____

_____

◎ Target **2**　**to do** を使って、「感情の原因」を表現することができる。

☐　I'm **glad to see** you again.

Exercise C

以下の日本語のガイドにしたがって（　　）内の語句も使い、英語で文を作ってみましょう。

1. ［私は嬉しかった］ → ［旧友に再会できて］（meet an old friend）

_____

2. ［私は驚きました］ → ［その知らせを聞いて］（surprised）

_____

3. ［私たちはがっかりしました］ → ［試合に負けて］
（disappointed / lose the game）

_____

◎ Target 3 ＜動詞＋人＋ to do ＞構文を使って表現することができる。

- ❏ I **want you to be** quiet.
  want 人 to do「人に~して欲しいと思う」
- ❏ My mother **asked me to wash** the dishes.
  ask 人 to do「人に~するよう頼む」
- ❏ I **told you to do** your homework.
  tell 人 to do「人に~するよう言う」

Exercise D

下線部に注意しながら、(　　) 内の語句も使い、以下の日本語で示された状況を英語にしてみましょう。

1. 私は彼にコンビニに行くように頼みました。

   I _____.

2. 誰があなたにそれを片付けるように言ったのですか。(put that away)

   Who _____.

3. 君に今、宿題をして欲しいです。(do your homework)

   I _____.

◎ Target 4 ＜知覚動詞＋人＋原形 (do) ＞の構文を使って、「人が~するのを知覚する」という表現ができる。

- ❏ Let's **listen to Paul sing** his favorite song.
- ❏ I **felt the earth move** under me.

see や hear、feel、watch、notice といった動詞は、人間の知覚を表すことから、「知覚動詞」と呼ばれます。

　　私は男の子が転ぶのを見た → I saw a boy **fall** down.

上の文では、saw の目的語である a boy の後ろに、＜ to ＋動詞の原形＞ではなく**動詞の原形**が使われています。

72

Exercise E

以下の日本語で示された状況を＜知覚動詞＋人＋原形 (do)＞構文と（　　）内の語句を使って、英語で表現してみましょう。

1. 私は男の子がビルの中で泣くのが聞こえた。(inside the building)

_____

2. 昨夜、私は家が数秒間揺れるのを感じました。(shake for a few seconds)

_____

3. 私は背の高い男性が映画館に入るのに気付きました。(enter the movie theater)

_____

「私は老人が道を渡るのを見た」　　　→ I saw an old man **cross** the street.
「私は老人が道を渡っているのを見た」→ I saw an old man **crossing** the street.

このように知覚動詞を使う場合でも、**対象となる動作が進行中のときは -ing 形を使う。**

◎ Target 5　＜使役動詞＋人＋原形 (do)＞の構文を使って、「人に～させる・してもらう」という表現ができる。

☐ My mother **made me eat** spinach every morning.
母は私に毎朝ほうれん草を食べさせた → 食べたくなくても食べさせられた
make「(強いて) ～させる [強制力]」

☐ I'll **have him go** to the convenience store.
彼をコンビニに行かせよう／行ってもらおう → 文脈によって判断する
have「～させる、～してもらう」
make ほどの強制力はなく、ある状態をきちんと確保するという感じ

☐ I'll **let you go** home now.
もう家に帰っていいですよ → 本人がしたいことをさせる
let「(相手の望むように) ～させる」

次の日本語で示された状況を、使役動詞 make、have、let のうちから１つと、(　　) 内の語句も使って、英語で表現してみましょう。[　　] 内はつぶやきです。

1. [ケンの英語教師は厳しい] 彼女はよく彼に放課後勉強をさせる。(strict / after school)

[_____]

She often _____.

2. [どうしよう？決められないな] それについて考えさせてください。

[_____]

_____ about it.

3. [この人は大切な顧客だ] 今夜、Jason にあなたに電話をさせます。(customer)

[_____]

I'll _____.

Wrap Up

(　　) 内の語句を使って、日本語で示された状況を英語で表現してみましょう。

1. あなたにお会いできて嬉しく思います。(pleased / meet)

_____

2. 君にこの課題を手伝ってもらいたいんだ。(help me with / task)

_____

3. 弟に折り返し電話をかけさせましょう。(have / call you back)

_____

副詞情報のポイント

副詞情報のバリエーション

I lived in Kyoto
- then.
- ten years ago.
- when I was a child.

when と if

[**When** I was an elementary school student], I lived in Tokyo.
「時」の設定 　　　　　　　　　　　　　　　　言いたいこと

[**If** you want to pass the test], you have to study hard.
「条件」の設定 　　　　　　　　　　　言いたいこと

Focused Dictation 🎧36

音声を聞いて、( ) の中に聞こえた語句を書き込んでみましょう。

1. Let's go when ( ) ( ) ( ).

2. If it's not ( ) ( ) ( ), could you help me?

3. ( ) ( ) ( ) a problem, feel free to call me.

4. I want to change the topic if it's ( ) ( ) ( ).

5. Take a look at this paper when ( ) ( ) ( ).

Target 1　「〜のときは」という状況を when を使って表現できる。

☐　**When** I was an elementary school student, I lived in Tokyo.

Exercise A 🎧37

when を使った例文を、チャンク単位で読む練習をしてみましょう。まず、when 節で時の状況設定をしていることを確認して（いったん、そこでポーズをおいて）、そのときに何をするのか（何が起こるのか）を述べるつもりで音声を聞き、音読しましょう。

1.　**When** you are lonely,　寂しいときは

　　　think of me.　私のことを考えて

2.　**When** there is any problem,　何か問題があるときは

　　　call me.　電話して

3.　**When** you are in trouble,　困ったときは

　　　I will help you.　助けてあげます

4.　**When** I feel fine,　気分がいいときは

　　　I take a walk.　散歩します

5.　**When** I was skiing,　スキーをしていたとき

　　　I broke my leg.　足を折ってしまいました

6.

> When I was a kid,　子供の頃

> I hated *natto*.　納豆が嫌いでした

Exercise B

when で時の状況設定をして、そのときに「〜して（ください）」という表現をしてみましょう。イラストを参考に、次頁の Tool Box から適切な表現を選んで使ってみましょう。

1.

When you _____ ,

_____ .

2.

When you _____ ,

_____ .

3.

When you _____ ,

_____ .

4.

When you _____ ,

_____ .

5.

When you _____ ,

_____ .

Tool Box	時の状況設定	Tool Box	そのとき、〜して（ください）
leave the room quarrel with your friends feel down be busy and have no one to help you have finished playing		call me lock the door think about their feelings put away your things sing a song to make yourself feel better	

 Target **2** 「もし〜なら」という条件を if を使って表現できる。

☐ **If** you want to pass the test, you have to study hard.

Exercise C 38

if を使った例文を、チャンク単位で読む練習をしてみましょう。まず、if 節で条件の設定がなされていることを確認して（いったん、そこでポーズをおいて）、その条件のもとで誰がどうするのか（何が起こるのか）を述べるというイメージで音声を聞き、音読しましょう。

1. If it's fine, I will go.

> **If** it's fine, 天気がよければ

> I will go. 私は行くつもりです

2. If you agree with me, I will be happy about that.

> **If** you agree with me, あなたが私に同意してくれれば

> I will be happy about that. そのことについてうれしく思うでしょう

78

3. If you think you're right, just do it.

> **If** you think you're right, 自分が正しいと思うなら

> just do it. それをやってください

4. If you don't understand this explanation, read it again and again.

> **If** you don't understand this explanation, もしこの説明が分からなかったら

> read it again and again. それを何度も読んでください

5. If you want to carry out a big plan, you need to have support from people around you.

> **If** you want to carry out a big plan, 大きな計画を実行したかったら

> you need to have support 協力を得る必要がある

> from people around you. 周りの人から

Exercise D

イラストの状況に合うように、次頁の Tool Box から表現を選び、"If you do X, do Y." という英文を完成させてみましょう。

1.

If you ^A_____,

^B_____.

2.

If you ^A_____,

^B_____.

3.

If you ^A_____,

^B_____.

Tool Box A	Tool Box B
want to get a good grade feel tired change your mind	study harder please let me know take a good rest

Wrap Up

（　　）内の語句を使って、日本語で示された状況を英語で表現しましょう。

1. 一緒に来てもいいですよ、そうしたければ。(come with me)

_____

2. その作業が終わったら知らせてくれる？ (let me know / have finished)

_____

3. たまたま意見が合わないようなら、誰か他の人に相談しましょう。
(happen to / disagree / consult)

_____

「理由」「逆接・対立」について表現する

「理由」の because 〜と「対立」の though 〜

We cancelled our trip [**because** it was raining hard].

↑——————— 理由

because は先行する発話内容を正当化する働きがあるため、主に文の後半で使う。

[**Though** he was tired], he kept on working.

→ 対立 ←

Focused Dictation 🎧39

音声を聞いて、（　）の中に聞こえた語句を書き込んでみましょう。

1. We were late (　　　) (　　　) (　　　) (　　　) (　　　) (　　　).

2. (　　　) (　　　) (　　　) (　　　) (　　　), she doesn't make mistakes.

3. I'm afraid I can't talk now (　　　) (　　　) (　　　) (　　　) (　　　).

4. Though I like tea, (　　　) (　　　) (　　　) (　　　).

5. (　　　) (　　　) (　　　) (　　　) (　　　), we had better hurry up.

> ◎ Target **1**　because 〜を使って、先に述べた内容の理由を表現することができる。
>
> ☐　Let's move on to the next topic **because** we are running short of time.

Exercise A 🎧40

イラストが表す状況に合うように、Tool Box からふさわしい表現を選び、because を使って英語で述べてみましょう。その後で音声を聞き、音読しましょう。

1.

He is happy **because** _____

_____ .

2.

She is busy **because** _____

_____ .

3.

My brother is out **because** _____

_____

Tool Box	※不要な表現も含まれています。
she hasn't called me for a week	his presentation went well
she has a lot of things to do today	he has some meetings

Exercise B

イラストと日本語が表す状況に合うように、次頁の Tool Box からふさわしい表現を選び、because を使って英語で述べてみましょう。

1. そろそろ買いに行かないと。

_____

because _____.

2. もう家に帰らなくちゃ。

_____

because _____.

3. 急がないと。

_____

because _____.

4. 汗びっしょり。

_____

because _____.

5. もうおしまいにして。

_____

because _____.

Tool Box A	Tool Box B
We have to hurry up	it's getting dark
I have to buy some milk	it's time to go to bed
I'd better go home	I have none in the refrigerator
You should turn off the TV now	we have little time
I sweated a lot	it was hot and humid

 Target **2**　Though ～を使って、「～だが…」という論理を展開することができる。

☐ **Though** he has a lot of money, he doesn't feel so happy.

☐ **Though** I like her, I sometimes can't accept her selfish behavior.

Exercise C 🎧41

以下の日本語の状況に合うように、次頁の Tool Box からふさわしい表現を選び、文頭で Though ～を使って英語で述べてみましょう。その後で音声を聞き、音読しましょう。

1. 彼は数学は得意で社会は苦手です。

Though _____

_____.

2. その車はよく走るがあまり快適ではない。

Though _____

_____.

3. 彼の講義は好きだが半分しか理解できない。

Though _____

_____.

4. 彼女は好物のお寿司をときどき食べる。

Though _____

_____.

5. 難しい問題を彼は簡単に解いた。

Though _____

_____.

Tool Box A	Tool Box B
the problem was difficult	he's poor at social sciences
she likes sushi	he solved it easily
it goes fast	I can only understand half of what he says
he's good at math	she doesn't eat it so often
I like his lectures	it's not a very comfortable car

◎ Target **3**　because で「理由」、 though で「対立」の論理を展開する
　　　　　　　　ことができる。

- ☐ Listen to me carefully **because** I have to tell you something very important.
- ☐ I kept silent **though** I wanted to say something.

Exercise D

AとBの節を、because または though でつないで、論理的に意味の通じる英語の文を5つ作ってみましょう。

A
I kept studying last night
I'll leave this matter to you
She got a good grade on the test
I think Takeshi can't talk now
We were late

B
you are an expert
he's on the bus
there was a traffic jam on the highway
I was very sleepy
she didn't spend much time preparing for it

_____

_____

_____

_____

_____

Wrap Up

(　　) 内の語句を使って、日本語で示された状況を英語で表現しましょう。

1. それはあなたにお任せします。私はそれについよく知らないので。
(leave it up to / don't know much)

_____

2. John は賢いヤツだよ、いつもトラブルには近寄らないからね。 (smart guy / stays away from)

_____

3. 彼らと一緒に行くことにしたが、実は花見などに興味はない。
(agreed to / actually / cherry blossom viewing)

_____

比較の３つの表現形式

「ＡはＢと同じぐらい～だ」

I'm **as** busy **as** you.

I'm **not as** busy **as** you.

「ＡはＢより～だ」

My sister usually gets up **earlier than** I do.

「Ａが最も～だ」

This is **the most** expensive diamond in the world.

Focused Dictation 🎧42

音声を聞いて、（　　）の中に聞こえた語句を書き込んでみましょう。

1. I'm a little (　　　　) (　　　　) (　　　　).

2. His car goes just (　　　　) (　　　　) (　　　　) (　　　　).

3. What is (　　　) (　　　　) (　　　　) (　　　) (　　　) (　　　)?

4. That news was (　　　) (　　　) (　　　) (　　　　) I had expected.

5. (　　　) (　　　) (　　　) (　　　)(　　　　) friendship.

1. 以下の教科のうち、どの教科が「興味深い」か「退屈か」かを述べてみましょう。明確な意見が言えない場合は、漠然とした印象で述べてみましょう。その後で音声を聞き、音読しましょう。

Interesting or boring?
computer science
philosophy
linguistics
political science
psychology
ecology
information technology
economics

自分の意見として：

I think / In my opinion, _____
is interesting / boring.

漠然とした印象として：

_____ sounds
interesting / boring.

2. 上の教科について、以下の構文を使って、自分にとって「興味深い」教科と「退屈な」教科を述べてみましょう。文を 2 つ作成してみましょう。その後で音声を聞き、音読しましょう。

For me, A is interesting, but B is [sounds] boring.
私にとって、Aは興味深いけど、B は退屈（そう）だ

For me, _____.

For me, _____.

◎ Target **1**　< A as ～ as B> で 「A は B と同じくらい～だ」、< A not as ～ as B> で「A は B ほど～ではない」という表現ができる。

☐ She has read **as** many books **as** her sister has.
☐ I'm **not as** smart **as** my brother.

Exercise B

自分にとって「A と B は同じぐらい興味深い（退屈だ）」という思いを、次の構文を使って英語で表現してみましょう。

as のイメージ：等価の関係

For me, A is [sounds] **as** interesting **as** B
For me, A is [sounds] **as** boring **as** B.

computer science	philosophy	linguistics
political science	psychology	ecology
information technology		economics

Interesting   For me, _____.

Boring   For me, _____.

Exercise C

自分にとって「A は B ほど興味深くない（退屈ではない）」という思いを、次の構文を使って英語で表現してみましょう。

For me, A **is not [doesn't sound] as** interesting **as** B.

For me, A **is not [doesn't sound] as** boring **as** B.

　For me, _____.

　For me, _____.

◎ Target **2**　＜ A 比較級（more/-er）＋ than B ＞の構文を使って、「A は B より〜だ」という表現ができる。

❑　Oil is **heavier than** water.

❑　The exam was **more** difficult **than** I had expected.

程度の表現＋比較級

・程度が大きい：比較級の前に much や far、a lot をつける。

・程度が小さい：比較級の前に a little や a bit をつける。

以下の日本語で示された状況を、下線部を補い、（　　）内の語句も使って、英語で表現してみましょう。
その後で音声を聞き、音読しましょう。

1. この携帯はあの携帯よりずっと高価だ。

This mobile phone is _____ that one.

2. ウイルスはバクテリアよりはるかに小さい。

Viruses are _____ bacteria.

3. 彼はケンジよりちょっとユーモアの感覚がある。(humorous)

He is _____ Kenji.

◎ **Target 3** ＜ the ＋最上級（most/-est）＞の構文を使って、「最も〜だ」
という表現ができる。

☐ Mt. Fuji is **the highest** mountain in Japan.
☐ Tokyo is **the most** populous of all the cities in Japan.

Exercise E

右の陸上動物と人物について、速いもの順に順位をつけてみましょう。

👑 Which is the fastest runner in the world?

Zebra	
Usain Bolt	
Cheetah	
Lion	
Hyena	
Elephant	
Kangaroo	

Usain Bolt :100 メートル走世界記録保持者（2022 年 1 月時点）

Exercise F

前頁の動物や人物を取り上げて、走る速さの比較を run as fast as / run faster than / run the fastest of all の構文を使って英語で表現してみましょう。確信が持てない場合は、Well, I guess / I think を使い、かなり確信があるときは I believe / I'm sure を使って表現してみましょう。

Well, I guess / I think / I believe / I'm sure

1. A runs as fast as B.

_____

2. A runs faster than B

_____

3. A runs the fastest of all.

_____

Exercise G

以下の表でそれぞれの速度を確認し、1. ～ 3. の構文を使って英語の文を作ってみましょう。意外なときには Surprisingly / To my surprise（驚いたことに）、予想通りのときには As I expected（予想した通り）を、文頭に足して表現してみましょう。

A cheetah	112–120km/h
A lion	80 km/h
A kangaroo	71 km/h
A zebra	64 km/h
A hyena	60 km/h
An elephant	40 km/h
Usain Bolt	37.58 m/h

1. run as ... as

_____

2. run -er than

_____

3. run the -est of all

_____

Exercise H

（　　）内の語句を使って、以下の日本語で示された状況を英語で表現してみましょう。

1. これはこの店で最も小さなイスです。

   _____

2. 情報科学は私にとって最も難しい教科です。(subject)

   _____

3. ほら、タカシは 3 人の男性の中で最も背が高い人です。

   Look, _____

4. ナイル川が世界で一番長い川です。6,650 キロあります。(the Nile)

   _____.

   It is 6,650 km long.

Wrap Up

（　　）内の語句を使って、日本語で示された状況を英語で表現してみましょう。

1. 私は姉ほどうまくは歌えない。(sing / well)

   _____

2. 弟は私よりソーシャルメディアを活発に使っています。(active on social media)

   _____

3. これがこの店では一番かわいいドレスだと思うよ。(prettiest / shop)

   I think _____

関係詞節を使って表現する

先行する名詞について、情報を追加する関係詞節

関係代名詞

I'm looking for a girl [**who** has a big blue bag].
少女 → だれか（どんな人か）というと、大きな青いバッグを持っている（少女）

I have a dog [**which** has black fur].
イヌ → どれか（どんなイヌか）というと、黒い毛をしている（イヌ）

This is the book [**that** our teacher recommended].
本　　それは～ 教師が勧めてくれた（本）

先行詞が人　　　→ who または that
先行詞が人以外 → which または that

関係副詞

I'd like to visit the place [**where** my father was born].
場所　　→　どこか（どんな場所か）というと、父が生まれた（場所）

I remember the day [**when** we first met each other].
その日　→　いつか（どんな日か）というと、私たちが初めて会った（日）

Focused Dictation 🎧 45

音声を聞いて、（　　）の中に聞こえた語句を書き込んでみましょう。

1. I met a woman (　　　) (　　　) (　　　) (　　　) (　　　).

2. Do you know anyone (　　　) (　　　) (　　　)?

3. There is something (　　　) (　　　) (　　　) (　　　) (　　　) (　　　).

4. Now is the time (　　　) (　　　) (　　　) (　　　) (　　　).

5. Let's get back to the place (　　　) (　　　) (　　　) (　　　) (　　　).

> ◎ **Target 1**　先行する名詞について、関係代名詞を使って情報を追加することができる。
>
> ☐　Zoom is <u>a meeting app</u> **which** makes remote work easier.
> ☐　I need <u>a friend</u> **who** never keep secrets from me.

Exercise A 🎧 46

以下の日本語で示された状況を、関係代名詞を使って英語で表現してみましょう。その後で音声を聞き、音読しましょう。

1. シンガポールに住んでいる兄

a brother _____

2. ギターを弾ける女の子

a girl _____

3. 丘の上に立つ学校

the school _____

4. この手紙を書いた人

the person _____

5. イタリア製のクルマ

a car _____

6. 6月の後に来る月

the month _____

7. 髪の長い女性

a girl _____

Exercise B 47

以下の日本語で示された状況を、関係代名詞節と（　　）内の語句を使って、英語で表現してみましょう。
英語では＜名詞＋追加情報＞の展開になります。その後で音声を聞き、音読しましょう。

1. 長い髪をした女性があなたに会いに来ましたよ。

A woman _____.

2. 私の父は、イタリア製のクルマを持っています。

My father _____.

3. こちらが、その時計を買った女性です。

This is _____.

4. これはハワイで撮られた写真です。

This is the picture _____.

5. 彼は丘の上に立っている家に住んでいます。

He lives in _____.

6. 6月の後に来る月は、7月です。

The _____.

7. ブラジルで話されている言語はポルトガル語です。(Portuguese)

The language _____.

Exercise C

以下の日本語で示された状況を、関係代名詞節と（　　）内の語句も使って、英語で表現してみましょう。

1. 昨日、開店したインド料理のレストランに行きましょう。

Let's go to the Indian restaurant _____

_____.

2. 廊下ですれ違った女性が私たちの新しい上司になるそうですよ。
(passed / hallway)

I heard that the woman _____

_____

is going to be our new boss.

3. 舞台でピアノを弾いている男の子が見えますか？ あれがうちの息子
です。

Can you see the boy _____

_____? That's my son.

4. ペニーは北京出身で、私の親友のひとりです。

Penny, _____

_____,

is one of my best friends.

5. 鹿児島には活火山の桜島があって、ベスビオ火山のあるナポリと姉妹都市です。

Kagoshima, _____

_____,

is a sister city of Naples, which has the volcano Mt. Vesuvius.

◎ Target **2**　関係副詞を使って表現することができる。

- ❏ I want to see the place **where** you grew up.
- ❏ I clearly remember the days **when** we would go fishing in the river.

Exercise D

以下の日本語で示された状況を、関係副詞 where/when と（　　　）内の語句も使って、英語で表現してみましょう。

1. ここは著名人がよく食事に訪れる有名な寿司屋です。(celebrities)

   This is the famous sushi restaurant _____.

2. 浜松で途中下車して、そこで中学時代の友人を訪ねた。(my old friend from junior high school)

   I stopped over in Hamamatsu, _____.

3. 日本には私がまだ行ったことのない美しいところがたくさんあります。

There are many beautiful places in Japan _____.

4. 帰って来る日を教えて。空港に迎えに行くから。

Tell me the day _____.

I will pick you up at the airport.

5. 宇宙旅行を楽しめる日は、そうすぐには来ないでしょう。

The day _____.

won't come so soon.

6. 私たちが初めて会った日のことを覚えていますか？

Do you remember the day _____?

Wrap Up

（　　）内の語句を使って、日本語で示された状況を英語で表現してみましょう。

1. 彼女は私の祖母の面倒をよくみてくれる看護師です。(nurse / takes good care)

_____

2. 私たちはたいていの日用品を売っているスーパーの近くに住んでいます。
(most daily goods)

_____

3. 今こそ私たちが立ち上がって戦わなければならないときです。(stand up and fight)

Now is the time _____

クラス用音声CD有り（別売）

Write Now
Share Your Ideas in English
英語の発想から学ぶライティング入門

2022年2月1日　初版発行

著　者　　田中茂範 / 佐藤芳明

発行者　　松村達生

発行所　　センゲージ ラーニング株式会社

〒102-0073　東京都千代田区九段北1-11-11　第2フナトビル5階
電話 03-3511-4392
FAX 03-3511-4391
e-mail: elt@cengagejapan.com
copyright © 2022 センゲージ ラーニング株式会社

装丁・組版　　藤原志麻（クリエイド・ラーニング株式会社）

編集協力　　クリエイド・ラーニング株式会社

本文イラスト　　佐藤拓人

印刷・製本　　株式会社エデュプレス

ISBN 978-4-86312-399-1